Aufbruch im Lieben

mit Papst Franziskus

Siegfried Hübner

Impressum:

Aufbruch im Lieben mit Papst Franziskus
von Siegfried Hübner

ISBN:	9783735721655

	2. Auflage 18. Juni 2014

(Hrsg.) V.i.S.P:	Adlerstein Verlag

	Wacholderstr. 26
	26639 Wiesmoor
Tel.:	04944-5815
Fax:	04944-5839
Email:	kontakt @ adlerstein.de
Internet:	www.adlerstein-verlag.de

Herstellung und Verlag Books on Demand, Norderstedt

Coverfoto:	Wikimediad Commons
	Autor: Alexanderps (tallk/contribs) vom 20.3.2013

	Alle Rechte vorbehalten
	© Adlerstein Verlag Wiesmoor, 2014

MIX
Papier aus verantwortungsvollen Quellen
Paper from responsible sources
FSC® C105338

Mit Liebe ans Werk!

Jean Luc Schneider

Aufbruch im Lieben

„Ein neues Gebot gebe ich euch,

dass ihr euch untereinander lieb habt,

wie ich euch geliebt habe,

damit auch ihr einander lieb habt."

Johannes 13, 34

Inhalt   Seite

Zum Geleit   9

Nachdenken über Papst Franziskus   13

Erklärungen zu den Konziltexten   46

Zum Autor   47

Bücher von Siegfried Hübner und Freunden   48

Zum Geleit

Es ist selbstverständlich, dass in Rom nach dem Tode eines Papstes ein Nachfolger gewählt wird. Eine Papstwahl ist für die Kirche wichtig und höchst interessant. Auch die meist an Kirche und Glauben wenig interessierte Öffentlichkeit blickt angesichts eines Wechsels in der Leitung der katholischen Kirche einigermaßen gespannt nach Rom. Bald danach aber stehen die römischen Veränderungen nicht mehr im Mittelpunkt des Interesses, nicht bei den Katholiken und erst recht nicht bei der übrigen Welt.

Beim Übergang von Papst Benedikt zu Papst Franziskus vor einem reichlichen Jahr war es aber anders. Schon der Rücktritt des alten Papstes war unerwartet und erschien auch katholischen Christen ungewöhnlich. Auch beim bald gewählten Nachfolger erschien vieles überraschend:

Er kam von einem anderen Kontinent, er nahm einen Namen an, den noch nie ein Papst gewählt hatte, er war ein Ordenspriester - das gab es schon, aber selten. Er gab die übliche Wohnung im päpstlichen Palast auf und wohnte im Gästehaus des Vatikans.

Vor Allem trat er ungewohnt in der Öffentlichkeit auf, er verzichtete auf die bisher gewohnte zeremonielle Weise, den Gläubigen zu begegnen; er mischte sich sozusagen unter die Leute. Offenbar war er für Veränderungen in der Kirche aufgeschlossen.
Und er fing gleich damit an.

In der Kirche stieß die neue Art, Papst zu sein, bei den meisten Gläubigen auf Begeisterung. Aber auch die übrige Welt - Medien, Politiker, die Szenen der Kultur - bringt ihm Sympathie entgegen. Man erwartet viel vom 265. Nachfolger des Apostels Petrus. Manche fragen schon: Zuviel?

Es ist verständlich, dass eine Senioren-Gruppe in der Pfarrei Pirna ihren ehemaligen, in der Nähe im Ruhestand lebenden Pfarrer bittet, er möge ihnen „etwas über den neuen Papst erzählen", um ihnen zu helfen, den „Neuen" irgendwie in ihr herkömmliches Verständnis einzufügen. Ihr alter Pfarrer ist selbstverständlich bereit, diese Bitte zu erfüllen. Er hat sie erfüllt auf die Weise, die sie aus vielen Predigten und Vorträgen in der Gemeinde St. Kunigunde kannten, nämlich theologisch, in einem Nachdenken, das - von den Anforderungen des Tages ausgehend - an das unergründliche Geheimnis Gottes reicht.

In diesem Büchlein gibt uns Dr. Siegfried Hübner - er war zu seinem Dienst als Pfarrer in der Elbestadt gleichzeitig auch theologischer Lehrer am Philosophisch-Theologischen Studium Erfurt, aus dem nach der Wende die Theologische Fakultät hervorgegangen ist - eine kurze, erste Auskunft über Papst Franziskus.

Er enthüllt uns gewissermaßen den geistlichen Hintergrund und hilft uns, den Mann an der Spitze der Kirche ein wenig tiefer zu verstehen.

Ich bewundere an diesem und an ähnlichen Vorträgen Hübners - zwei sind übrigens auch im Adlerstein-Verlag erschienen - die Kunst, von einer Gestalt oder einem Augenblick, von einem Datum oder einer Begegnung ausgehend das Ganze des Daseins einzubeziehen und es in die Nähe des Geheimnisses zu rücken, das wir Gott nennen.

Ich wünsche den Lesern dieses Büchleins zuerst, dass sie sich mit dem neuen Papst verbunden fühlen, dann aber auch, dass sie sich auf einen **Aufbruch im Lieben** mit diesem Papst einlassen. Denn für einen solchen Aufbruch gibt es das merkwürdige Amt des Papstes.

Erfurt, 5. April 2014,   Franz Georg Friemel

Nachdenken über Papst Franziskus

Zum Seniorentreffen in der Pfarrgemeinde St. Kunigunde in Pirna

Am 12. März 2014

Morgen ist ein Jahr vergangen, seitdem sich Papst Franziskus auf der Loggia des Petersdoms als Nachfolger des zurückgetretenen Papstes Benedikt XVI. vorgestellt und angekündigt hat: „Jetzt beginnen wir diesen Weg!" Von seinem ersten Auftreten an hat er zu erkennen gegeben, durch überraschende Gesten und Worte, durch die Wahl seines Namens, den noch kein Papst getragen hat, er werde wirklich „vorangehen". Damit hat er sofort in der Kirche wieder Hoffnungen und Erwartungen geweckt wie damals, als Papst Johannes ein Konzil zur Erneuerung und „Verheutigung" der Kirche an gekündigt hatte.

Auf der anderen Seite wurden aber auch sofort Befürchtungen laut, ob er seinem Amt gewachsen sei und die Kirche unter ihm „katholisch" bleiben werde. Inzwischen hat sich in seinen Gesprächen und Verlautbarungen, in manchen Schritten, die er gegangen ist, zur Fußwaschung in ein Gefängnis, zu den Flüchtlingen nach Lampedusa, deutlicher gezeigt, was ihm am Herzen liegt und welchen Weg wir mitgehen sollen: Wir sollen „aus uns herausgehen", auf jeden Menschen zu, vor allem zu den Armen und Ärmsten, um ihnen zuerst als Wichtigstes das Evangelium von der Liebe Gottes zu bringen, sollen jedem Menschen barmherzig begegnen, um ihm so die Barmherzigkeit Gottes zu bezeugen, aus der wir selber leben.

Darüber, über unseren neuen Papst Franziskus, etwas nachzudenken, soll heute unser Thema sein, und dazu lade ich euch herzlich ein.

Dabei soll es uns aber nicht nur darum gehen, was wir von ihm erwarten können im Hinblick auf die Fragen, über die heute in der Kirche am lautesten geredet und gestritten wird, sondern um etwas viel Wichtigeres und Tieferes: Wie dieser Papst Franziskus und das, was wir mit ihm erleben, uns als heutigen Christen helfen kann, Menschen zu sein und zu bleiben, die wirklich und lebendig glauben, gerade in der Situation, wie sie uns heute aufgegeben ist, Menschen, die in allen Gefährdungen, die in der Welt von heute und sogar in der Kirche, wie wir sie erleben, den Glauben bedrohen, ihn zu einer schweren Last oder unglaubwürdig machen können, nicht am Glauben irre werden oder ihn verlieren, sondern im Gegenteil: gerade dadurch im Glauben wachsen, „bessere" Christen werden.

Da müssen wir nach dem „Geist" fragen, in dem der neue Papst sein Amt übernommen hat und ausüben will, nach der „Spiritualität", von der sein Denken,

Reden und Handeln geprägt ist, die verborgen alles beseelt, was wir von ihm hören und mit ihm erleben.

Papst Franziskus ist Jesuit. Mit ihm hat zum ersten Mal in der Geschichte der Kirche ein Angehöriger dieses Ordens das Amt des Papstes übernommen. Daraus lässt sich schon manches, was in seinem Auftreten „neu" erscheint, gut verstehen.

Ignatius von Loyola, der Gründer des Jesuitenordens, wollte nichts anderes, als „dem armen und demütigen Jesus" nachfolgen. Das sollte auch für alle gelten, die in dem von ihm gestifteten Orden, der "Gesellschaft Jesu", der Kirche dienen wollen. „Armut" wurde von Ignatius nicht weniger ernst genommen als von Franziskus von Assisi. Und „Demut" bedeutete für Ignatius von Anfang an und grundsätzlich den Verzicht auf „Macht", nicht nur „weltliche", sondern auch „kirchliche" Macht.

Das spielt mit eine Rolle, warum es bis jetzt noch keinen Jesuiten als Papst gegeben hat und lässt erwarten, dass der erste Jesuitenpapst versuchen wird, in der Ausübung dieses „Regierungsamtes" seinem Ordensideal treu zu bleiben. Auch an den Leitgedanken, unter dem Jesuiten der Kirche dienen wollen, ist zu erinnern: „Alles zur <u>größeren</u> Ehre Gottes!" Das zwingt ja geradezu, stets nach vorn zu schauen, nach einer "besseren" Verwirklichung von Glaube und Kirche zu streben. „Ihr dürft euch nur mit dem Besseren zufrieden geben!", hatte Ignatius seinen Freunden und Mitbegründern seines Orden gesagt.

Da ist es nicht verwunderlich, wenn wir nach einem Jahr der Tätigkeit von Papst Franziskus den Eindruck haben, er setze mit seinem Weg, den er gehen will, genau dort wieder an, wo Papst Johannes XXIII. den seinen nicht mehr weitergehen konnte und sein Werk zur Erneuerung und „Verheutigung" der Kirche Nachfolgern überlassen musste, mit ihm sei, wie mache Beobachter schon meinten, Papst Johannes wieder zurückgekehrt. Denn von diesen Nachfolgern hat bis jetzt keiner - wenn wir von dem 33-Tage-Papst Johannes Paul I. absehen – dieses Werk mit derselben nüchternen Einsicht und Entschlossenheit weitergeführt, wie es Papst Johannes begonnen hatte. Sie waren bis jetzt alle mehr „konservativ" als „fortschrittlich". Sie sagten zwar alle Ja zum Konzil, aber mit der Einschränkung, es müsse und dürfe nur „im Lichte der Tradition" verstanden werden. Papst Johannes aber hatte die wichtigste Aufgabe des Konzils gerade darin gesehen, diese Tradition „im Lichte der Zeichen der Zeit", durch die Gott heute zu uns spricht, zu verstehen, also im Verstehen des Glaubens mutig voranzugehen, zu „wachsen". Er war überzeugt: Solange unsere Kirche mit ihrer Lehre und mit ihren „Bräuchen" heutigen Menschen wie ein „Museum" aus früheren Zeiten erscheint, kann sie auch nicht ihren Auftrag erfüllen, <u>allen</u> Menschen das Evangelium zu verkünden.

Deshalb war ihm diese Aufgabe, ein „Sprung nach vorn", wie er sagte, so dringend und wichtig, aus seiner Sicht auch viel größer als das, was das Konzil erreichen konnte. Dass Papst Franziskus die heutige Situation unserer Kirche auch so beurteilt, hatte er schon vor seiner Wahl in einer kurzen Ansprache an die Kardinäle erklärt: „Wenn die Kirche nicht aus sich selbst herausgeht, um das Evangelium zu verkünden, kreist sie um sich selbst. Dann wird sie krank."

In dieser „Selbstbezogenheit" sehe er ein "schreckliches", ja „das schlimmste Übel, was der Kirche passie ren kann". Das müsse „ein Licht auf die möglichen Veränderungen und Reformen werfen, die notwendig sind für die Rettung der Seelen". Vielleicht haben gerade diese Worte nachdenkliche Kardinäle bewegt, für ihn als künftigen Papst zu stimmen.

Damit bekennt sich Papst Franziskus so zum Konzil, wie es Papst Johannes gemeint hat.

Es habe „eine Bewegung der Erneuerung ausgelöst, die aus dem Evangelium selbst kommt". Es habe schon „enorme Früchte" gebracht, z.B. durch die Liturgiereform. Diese „Dynamik" sei „absolut unumkehrbar". Wichtige Erklärungen des Konzils bejaht er nicht nur theoretisch, sondern will die Kirche bewegen, in der Richtung, in die sie weisen, fortzuschreiten.

Das betrifft z.B. die Erklärung des Konzils, was wir als Christen für uns selbst in Anspruch nehmen und erhoffen, dem „österlichen Geheimnis" des Todes und der Auferstehung Christi verbunden zu sein, gelte „nicht nur für die Christgläubigen, sondern für alle Menschen guten Willens, in deren Herzen die Gnade unsichtbar wirkt". Deshalb müssten wir „festhalten, dass der Heilige Geist allen die Möglichkeit anbietet, diesem österlichen Geheimnis in einer Gott bekannten Weise verbunden zu sein" (GS 22).

Das war ein ganz großer „Fortschritt" in der offiziellen Lehrverkündigung unserer Kirche, der alle katholischen Gläubigen dazu aufgefordert hat, ihn in ihrem eigenen persönlichen Glaubensbewusstsein mitzuvollziehen. Wir können uns fragen, ob das in den Jahrzehnten seit dem Konzil wirklich schon geschehen ist. Papst Franziskus lässt deutlich erkennen, dass er nicht nur das „glaubt", was das Konzil erklärt hat. Er will diese Glaubenswahrheit auch praktiziert wissen. Wenn Gott selbst in jedem Menschen wirksam ist, dann müssen wir auch jeden Menschen im Licht dieses Glaubens sehen, können und müssen in diesem Bewusstsein auf jeden Menschen zugehen, **ihn durch unsere Barmherzigkeit die Liebe Gottes, die in uns, aber auch in ihm wirksam ist, erfahren lassen,** dürfen ihn nicht „richten", müssen das „Geheimnis der Person" respektieren, „darf es keine spirituelle Einmischung in das persönliche Leben" eines anderen Menschen geben, können wir immer von jedem Menschen noch etwas lernen.

Nicht weniger gilt das für den Hinweis des Konzils, die Kirche strebe „im Gang der Jahrhunderte ständig der Fülle der göttlichen Wahrheit entgegen", wobei das Verständnis der „überlieferten Dinge und Worte" wachse und „fortschreite" (DV 8). Papst Franziskus hält das für selbstverständlich. So, wie wir als Mensch körperlich und geistig wachsen und reifen, geschehe das auch in unserem Glauben und in unserem Verhältnis zu Gott, auch im Leben der Kirche als Glaubensgemeinschaft.

Er stellt realistisch fest, manche konkrete Weise, wie wir unseren Glauben denken und verstehen, manche Normen und Vorschriften für das christliche und kirchliche Leben, wie sie früher zeitgemäß waren, können im Lauf dieses Wachstumsprozesses ihre Bedeutung verlieren, aus Hilfen zu Hindernissen für den Glauben werden. „Haben wir keine Angst, sie zu revidieren!", ruft er uns in seinem Apostolischen Schreiben „Evangelii gaudium" zu.

Aber unsere wichtigere Frage soll doch sein, ob und wie Papst Franziskus uns in unserem Glauben als Christen helfen kann, in unserer jetzigen Situation, ganz gleich, wie der Weg, auf dem heute die Kirche und die ganze Menschheit sind, weitergehen wird.

Da müssen wir noch etwas mehr über seine „Spiritualität" als Jesuit nachdenken. Wir haben uns schon an den Leitgedanken dieses Ordens erinnert: „Alles zur größeren Ehre Gottes!" Dieser Appell war aber von Anfang an von Ignatius viel tiefer gemeint, als es uns in den Sinn kommt, wenn wir solche Worte gewohnheitsmäßig hören.

Für Ignatius hatte er eine „mystische" Tiefe. Weil er sich dabei bewusst war: Gott, den wir mit diesem Wort nennen und anrufen, ist in Wirklichkeit der „immer noch größere Gott", der „Deus semper major", immer noch größer, als wir ihn als Menschen je denken oder aussagen können. Gott als „Mysterium", als Geheimnis, unbegreifliches, namenloses, unsagbares Geheimnis zu verehren, das gehört mit zu dem Pathos, der „Leidenschaft" ignatianischer Spiritualität.

Wir müssen das Wort „Gott" sagen, weil das Geheimnis, das damit gemeint ist, zu unserem Leben als Menschen gehört, wir im Leben und Sterben darauf verwiesen sind.

Aber dieses Wort muss immer ein „letztes Wort vor dem Verstummen" (Karl Rahner) sein, -
in schweigender Anbetung oder in der Tat der Liebe, selbstloser Liebe zum Nächsten und zu Gott, in das unbegreifliche Geheimnis hinein, das Gott ist. So lehrt diese ignatianische Spiritualität von Gott zu denken und zu reden.

Papst Franziskus bekennt sich ausdrücklich zu dieser „mystischen" Strömung in seinem Orden, gegenüber einer anderen, die in ihm zeitweise herrschend geworden sei, die er als eine „aszetische" bezeichnet, weil sie das, worauf es ankommt, „verzerre", bestimmte „Regeln" für wichtiger halte als den „Geist".

Nach seiner Herkunft als Jesuit befragt, nennt er sofort eine „Maxime", mit der die Vision des heiligen Ignatius beschrieben werde, die ihn „immer" sehr betroffen gemacht und über die er viel nachgedacht habe: „Nicht begrenzt werden vom Größten und dennoch einbeschlossen sein im Geringsten, das ist göttlich".

Sie lasse uns stets den Horizont sehen, um in Großmut „tagtäglich die großen und die kleinen Dinge des Alltags mit einem großen und für Gott und für die anderen offenen Herzen zu erledigen".

Dieses Wort kann auch uns betroffen machen. Und wenn wir über seine merkwürdige Bedeutung und Herkunft nachdenken, können wir Antwort auf unsere Frage finden.

Das Wort erinnert an das Geheimnis des Gottes, an den wir glauben. Auf der einen Seite ist es auch vom Größten, das wir als Menschen denken und uns vorstellen können, nicht begrenzt, also unbegrenzt, „undefinierbar". Auf der anderen aber ist es dennoch auch in allem Begrenzten, sogar im Geringsten, gegenwärtig und wirksam, also, wie Ignatius gern sagte: „in allen Dingen". Damit erinnert es an das „Göttliche" in uns als Menschen: dass wir, anders als es in untergeistigen Kreaturen, in Pflanzen und Tieren der Fall ist, um dieses Geheimnis, das uns umfängt, wissen und sogar, von ihm selbst bewegt – vom Heiligen Geist, wie die Heilige Schrift sagt -, in unserem Leben und Sterben auf dieses Geheimnis hin unterwegs sind.

Und heute, in einer Situation, in der wir erleben, wie Menschen „massenhaft" den „traditionellen" Gottesglauben, wie er in allen Religionen aus der Kindheit der Menschheit überliefert wird, aufgeben, erinnertes uns vor allem auch daran, wie wir in unserem Glauben an Gott wachsen müssen.

Solches Wachsen oder „Erwachsen - Werden" im Glauben an Gott kann ja nicht dadurch geschehen, dass wir noch etwas mehr als bisher von Gott wissen und sagen können, sondern einzig und allein darin, dass wir uns viel ausdrücklicher und schärfer als bisher seiner Unbegreiflichkeit bewusst werden, uns bis in die Wurzeln unseres Glaubens hinein entschieden dieser Unbegreiflichkeit stellen, das „wahre Antlitz" Gottes darin suchen und finden, dass er unseren Augen erscheinen muss wie das „Nichts", damit wir ihn nicht mit irgend etwas „Begreiflichem" verwechseln können. (Vgl. GS 7 und 19!)

Das Wort erinnert aber eben auch an Ignatius von Loyola. Deshalb kann es uns im Nachdenken darüber zu einem kräftigen Anstoß zu solchem Wachstum im Glauben an Gott werden.

Denn dafür hat Ignatius von Loyola (1491 – 1556) eine ganz einzigartige Bedeutung. Davon will ich etwas ausführlicher erzählen.

Mit Ignatius ist in der bisherigen Geschichte unseres christlichen Glaubens wirklich ein „Fortschritt" geschehen, ein Fortschritt, den unsere Kirche als ganze heute eigentlich immer noch vor sich hat und zu dem wir von einem Papst, der Jesuit ist und sich der „mystischen" Tradition seines Ordens verpflichtet weiß, einen Impuls erwarten können.

Was ist damit gemeint? Ignatius war ein Glaubender, der so ausdrücklich und eindringlich wie keiner vor ihm berichtet hat, er habe Gott „erfahren", nicht nur in Gedanken und Worten über Gott, nein, ihn selbst, in seiner geheimnisvollen Wirklichkeit. So habe er Gott erfahren, dass das für ihn eine solche Gewissheit im Glauben mit sich gebracht habe, dass er darin auch unerschütterlich bliebe, wenn es keine Heilige Schrift gäbe (Bericht des Pilgers 29). Und er hat es als seine Aufgabe angesehen, auch andere anzuleiten, diese Erfahrung zu machen.

Die „Rezepte" dazu hat er in seinem „Exerzitienbuch" aufgeschrieben. Diese „Geistlichen Übungen", wie er sie in die Kirche eingebracht hat, sollen nicht nur in allen möglichen frommen Betrachtungen bestehen, sondern zielbewusst zu dem hinführen, was er selbst erfahren hat, und Menschen helfen, in dem „Licht", das ihnen dabei aufgeht, auch die rechte „Wahl" in den Fragen zu treffen, vor denen sie stehen, das zu erkennen, was für sie ganz persönlich „der Wille Gottes" ist.

Er verdankte es einem Zufall, auf den Weg zu seiner „mystischen" Erfahrung geführt zu werden. Nach seinem eigenen Geständnis hat er bis zu seinem 26. Lebensjahr als ein weltlicher und sündiger Mensch gelebt.

Er war zwar Christ, hat also vom „Wort" Gottes her, wie wir es aus der Heiligen Schrift und von Jesus Christus her kennen, geglaubt, aber gewohnheitsmäßig, sogar so zwangsläufig, wie es unter den noch mittelalterlichen Verhältnissen seiner Zeit fast selbstverständlich war. In einem Kriegszug, an dem er teilnahm, wurde er am Bein verletzt und zu einem längeren Krankenlager gezwungen.

Er vertrieb sich die Zeit mit Lesen, zuerst, seiner Gewohnheit gemäß, von Ritter und Liebesromanen, dann schließlich notgedrungen auch einer Geschichte Jesu und einer Heiligenlegende.

Beim Nachdenken über das Gelesene fiel ihm ein Unterschied auf. Bei dem einen, über die weltlichen Bücher, war er zwar begeistert und froh, aber das erlosch danach schnell und zurück blieben Langeweile und „Traurigkeit".

Bei den „geistlichen" Gedanken aber, die von der Geschichte Jesu und den Berichten über die Heiligen in Gang kamen, war es anders. Da erlosch die Begeisterung nicht, sondern eine eigenartige tröstliche Freude blieb bestehen. Das nahm er wahr und ließ sich davon leiten. Das führte ihn in einem ersten Schritt nach Manresa, wo er sich so in das Wort Gottes vertiefte, dass ihm darin auch diese einzigartige Erfahrung des Geistes Gottes geschenkt wurde.

Doch worin hat diese bestanden? Wie haben wir eine so „unglaubliche" Aussage: Ich habe Gott selbst wirklich erfahren!, zu verstehen?

Wenn wir diesem Erlebnis durch alle zeitbedingte „Einkleidung" in seinem Bericht auf den Grund zu gehen suchen, dann finden wir etwas ganz Schlichtes und Einfaches, - nicht etwa ein „Wunder" oder eine „Erscheinung", irgend etwas von dem, wovon viele fromme Christen Gewissheit im Glauben erhoffen.

Es war nur das, was geschieht, wenn ein Mensch das Hauptgebot unseres christlichen Glaubens, das Gebot der **„Liebe aus ganzem Herzen"**, zum Nächsten und zu Gott, ganz ernst nimmt und „total" zu erfüllen sucht, wenn ein Mensch auf die Botschaft des Evangeliums, dessen Kern doch die **Botschaft von der Liebe Gottes** ist, seiner uns immer zuvorkommenden, unsere Schuld vergebenden Liebe, **einer Liebe, auf die wir uns in unserem Leben und Sterben total verlassen können, damit antwortet, dass auch er selbst Gott wirklich lieben, sich Gott, in sein Geheimnis hinein, „hingeben" will.**

Nicht bloß in Gedanken und Worten, sondern „wirklich", „existentiell", gleichsam die Selbsthingabe schon vollziehend, in der sich unser Leben in unserem Sterben vollenden soll.

Hier müssen wir uns erinnern, **wie Jesus selbst uns zu solcher Liebe aufgefordert hat,** in Worten, die wir alle kennen: **dass jemand, der ihm nachfolgen will, dabei sich selbst „verleugnen" soll (Mt 16, 24),** dass wir als Menschen überhaupt unser wahres Leben nur darin finden, dass wir uns selbst „verlieren" (Mk 8, 34).

Damit ist eine ganz selbstlose Liebe gemeint, die Liebe, in der ein Mensch sich ganz „hingeben" will, ohne noch etwas von sich und für sich zurückzuhalten. Das Konzil hat uns erklärt, dass darin eigentlich auch erst das wahre "Glauben" geschieht, nicht schon im bloßen Annehmen und Festhalten von Glaubenswahrheiten: Im Glauben „überantwortet sich der Mensch Gott als ganzer in Freiheit". (DV 5).

Ignatius hat solche Worte nicht bloß gehört und geglaubt.

Er hat das, wozu sie auffordern, auch wirklich tun wollen, soweit das uns Menschen überhaupt möglich ist. Und dabei hat er Gott „erfahren". Schon darin, dass Gott selbst, sein Heiliger Geist, es ist, der uns zu solcher Liebe „hinzieht". Vor allem aber darin, wie sich das auf unser Befinden als Mensch auswirkt. Ignatius spricht von einem „Trost", der uns darin geschenkt wird, einem „Trost ohne Ursache" (Exerzitienbuch 330), weil er nicht in irgend etwas Menschlich – Erklärbarem begründet sein, nur von dem, dem wir uns „hingeben", von Gott bewirkt sein kann.

Der aber auch deutlich „spürbar" ist, weil er uns die „Seligkeit" empfinden lässt, wie sie dem Gebenden verheißen ist (Apg 20, 35), damit auch empfinden lässt das Vertrauen, auf dem rechten Weg zu sein, in solcher „Hingabe" unser wahres Wesen als Mensch zu erfüllen, den Frieden, mit uns selbst und mit allem „eins" zu sein, die Hoffnung, die uns über alle menschlich begründete Hoffnung hinaus hoffen lässt (Röm 4,18).

Diese Erfahrung kann jeder Mensch, können wir alle machen, gerade dann, wenn uns Gott zur Frage wird und wir von Skepsis und Zweifel in unserem Gottesglauben bedrängt werden. Dann können wir als Probe aufs Exempel der Aufforderung folgen, die ein Jesuit, der auch ein Vertreter der „mystischen" Strömung in seinem Orden war, Karl Rahner, seinem Ordensvater in einer „Rede an einen Jesuiten von heute" in den Mund gelegt hat: Lass doch deine Zweifel, deine Skepsis bis zum äußersten kommen! Versetze dich in die Lage deines Sterbens, in der du, ob du willst oder nicht, alles hingeben wirst, was du hast und was du bist, in der du, wenn deine Zweifel recht haben, nur noch das Nichts vor dir siehst!

„Dann tritt nämlich ein Ereignis ein, in dem (bei allem biologischen Fortleben) der Tod als radikale, sich nur noch durch sich selbst ausweisende Hoffnung oder als die absolute Verzweiflung erfahren wird und in diesem Augenblick Gott sich selber anbietet."

Papst Franziskus ist von dieser Spiritualität bewegt, wenn er ununterbrochen dazu aufruft, als einzelne Christen und als Kirche aus uns selbst „herauszugehen", an die „Grenzen", ohne dabei an uns selbst zu denken oder möglichst schnell wieder zu uns zurückzukehren. Er ärgere sich auch – so sagt er -, wenn er höre die Geistlichen Übungen seien nur ignatianisch, wenn sie schweigend, als besondere Veranstaltung in Unterbrechung des Alltags gemacht würden.

„In Wirklichkeit können auch Exerzitien, die mitten im Lebensalltag vollzogen werden, vollkommen ignatianisch sein", zu der in unserer Situation so notwendigen Erfahrung des Geistes Gottes führen.

Der Gott, der einst, in vergangenen Zeiten sich der Menschheit im seinem Wort zugesagt hat, begegnet „konkret" im ‚Heute'! Da müssen wir ihn suchen, uns „in seine Gegenwart versetzen", aber eben nicht bloß in Gedanken und Worten, sondern in unserer liebenden Hingabe, dem einzigen Weg, auf dem wir den „wirklichen" Gott erfahren können.

Da wird unser Nachdenken über Papst Franziskus für uns zu einem dringenden Anruf, den „Fortschritt" im Glauben nachzuvollziehen, der damals Ignatius geschenkt worden ist: viel mehr, viel bewusster und entschiedener, als wir es bisher gewohnt sind, auf diese konkrete Erfahrung des lebendigen Gottes hin zu glauben, so zu glauben, dass das „Wort" Gottes, das wir hören, uns bewegt, **selbstlos zu lieben, <u>diese</u> Liebe in unserem alltäglichen Leben so zu „üben"**, dass wir darin auch den in uns wohnenden und wirkenden „Geist" Gottes erfahren.

Weitsichtige Christen haben schon erkannt: Wir gehen einer Zukunft entgegen, in der Menschen dem „Wort" Gottes, wie wir es aus der Vergangenheit hören, wohl nur dann noch glauben können, wenn sie auch diese Erfahrung des „Geistes" Gottes machen.

Und für viele Menschen in unseren heutigen christlichen Kirchen, in denen überall das Evangelium immer noch mehr „wie in alten Zeiten" als so, „wie es unsere Zeit verlangt", verkündet und gelebt wird, ist das wohl schon jetzt der Fall.

Wenn wir das, was wir bei unserem Nachdenken gefunden haben, nicht vergessen, sondern uns bemühen, es auf unserem weiteren Weg im Glauben zu beherzigen, dann dürfen wir hoffen, damit auch anderen, auch unserer Kirche als ganzer auf ihrem Weg in die Zukunft zu helfen.

Und Papst Franziskus? Da wollen wir hoffen, dass er auch weiterhin über das Wort nachdenkt, von dem er sagt, es habe ihn „immer" sehr betroffen gemacht. Denn es kann zu einem noch kräftigeren Anstoß werden, auf dem Weg, den er begonnen hat, weiterzugehen. Es erinnert nämlich nicht nur an Ignatius und seine Spiritualität, sondern auch daran, wie Gott in der Geschichte der Kirche und der Welt „auf krummen Zeilen gerade schreibt" und durch „Zeichen der Zeit" uns hilft, das Evangelium besser zu verstehen.

Dieses Wort hat eine ganz seltsame Geschichte, über die zum Schluss unseres Nachdenkens auch noch ein paar Worte gesagt werden sollen.

Wir alle, auch Papst Franziskus, kennen dieses Wort nur, weil ein deutscher Dichter, Friedrich Hölderlin (1770 – 1843), es als Motto einem seiner Werke, dem

Briefroman „Hyperion", vorangestellt hat, in seinem lateinischen Wortlaut: „Non coerceri maximo, contineri minimo, divinum est." Einem Werk, in dem es um sein eigenes Suchen und Ringen geht, sich selbst als Mensch zu verstehen, unter dem Horizont des „Göttlichen", wie dieses Wort davon spricht. In einer Ankündigung dieses Werks schrieb er nur, es stamme aus der „Grabschrift" des Ignatius von Loyola.

Was damit gemeint war, war schon damals für die meisten Leser ein Rätsel. Und erst recht wusste in der Zeit nach Hölderlin niemand mehr, was der Hinweis bedeutete, nicht einmal die Jesuiten. Die Hölderlinforscher zerbrachen sich darüber den Kopf.

Erst in den Nachkriegsjahren, in denen ich selbst Theologie studierte, hat einer unserer Lehrer, Hugo Rahner, der Bruder Karl Rahners, „in mühevollem Suchen" das Rätsel lösen können: Die „Grabschrift" ist enthalten in einem Prachtwerk, das flandrische

Jesuiten mit viel Eigenlob zum Gedenken an die Gründung und das erste Jahrhundert des Bestehens ihres Orden herausgegeben hatten.

Das wäre wohl damals schon vergessen gewesen, wenn es nicht aus einem ganz schäbigen Grund hervorgeholt und auch Hölderlin in die Hände gefallen wäre: Damals, in dessen ersten Lebensjahren, war auf Betreiben der französischen Königshöfe von Papst Clemens XIV. der Jesuitenorden aufgehoben worden. Eines der traurigsten Kapitel der Papst- und Kirchengeschichte!

Dadurch war das Thema „Jesuiten" höchst aktuell. Und die Gegner der Jesuiten griffen alles auf, was man gegen sie ins Feld führen konnte, so auch dieses Prachtwerk, mit dem sie argumentierten, die Jesuiten seien an ihrem eigenen Stolz zugrunde gegangen.

Hölderlin aber, der auf diese Weise damit zu tun bekam, hat als genialer Denker aus dem Schwulst dieses Bandes dieses Wort wie eine kostbare Perle herausgefischt.

Wie ist es dazu gekommen? Und wie ist die Geschichte weitergegangen? Friedrich Hölderlin - für Papst Franziskus einer seiner Lieblingsdichter – war in eine gläubige evangelische Familie hinein geboren und in ihr in den christlichen Glauben eingeführt worden.

Auf Wunsch seiner Mutter sollte er Pfarrer werden und studierte Theologie. Aber im Heranwachsen gab er, wie schon damals viele seiner Zeitgenossen, diesen Glauben auf. Doch er dachte immer tiefer als viele andere über das „Ganze" unseres Menschseins nach, zu dem eben unausweichlich auch der Horizont des „Göttlichen" gehört.

Da fand er in diesem Wort von dem Göttlichen im Größten und Kleinsten so etwas wie einen Schlüssel, um nach dem höchsten uns erreichbaren Zustand zu streben, in dem wir „mit allem, womit wir in Verbindung stehen, zusammenstimmen".

Dabei erkannte er: Dieses „Zusammenstimmen", gerade im Hinblick auf das Menschliche und Göttliche, ist unserer Freiheit aufgegeben. **Und es gibt dazu nur einen einzigen Weg: die Liebe.**

„Die Liebe vereinet!", sagt er in der Ankündigung seines Romans, in der er das Motto, das er ihm voranstellt, kurz erklärt. Aber nun das Erstaunliche! Auf diesem Weg, auf den er dadurch geriet, fand er wieder, was er verloren hatte, wurde er an die Schwelle geführt, Jesus Christus als den zu erkennen, der er in unserem Glauben ist, das Mensch gewordene „Wort" Gottes.

Seine letzten großen Hymnen – „Brot und Wein", „Versöhnender", „Der Einzige" – sind ergreifende Zeugnisse dafür. Seinen Roman „Hyperion" wollte er noch weiterschreiben, um das ausdrücklich zu bekennen. Aber ein letztes Wort dazu blieb ihm versagt, weil schon allzufrüh, schon 40 Jahre vor seinem Tod, für ihn die Nacht einer Geisteskrankheit anbrach. Sagt diese Geschichte uns zu allem, was wir schon bedacht haben, nicht doch noch etwas sehr Wichtiges und Tröstliches hinzu?

Nicht nur von dem „Wort" Gottes her, wie wir alle es aus der Heiligen Schrift kennen, kann ein Mensch Christ werden. Es gibt auch den anderen Weg.

Von der Erfahrung des „Geistes" Gottes her, dem jeder Mensch auf allen seinen Wegen immer im „Heute" begegnen kann, der, wie Papst Franziskus sagt, „unaufhörlich und unkontrollierbar" in jedem Menschen wirkt, kann ein Mensch zu dem „Wort" Gottes geführt werden und dieses dann gewiss viel tiefer und weiter verstehen, als jene Christen, die Christen nur aus Tradition und Gewohnheit sind. Das Wort, von dem Papst Franziskus sagt, es habe ihn immer betroffen gemacht und er denke viel darüber nach, erinnert nicht nur an Ignatius, der sich so in das Wort Gottes vertieft hat, dass er dadurch den Geist Gottes erfahren hat.

Es erinnert auch an einen Menschen, der sich so in sein Menschsein vertieft hat, es so tief verstanden und gelebt hat, dass er dadurch zum Glauben an das Wort Gottes gekommen ist. Es erinnert damit an einen Weg, auf dem wir alle heute „bessere Christen" werden können. Das sollten wir auch mithören, wenn wir von Papst Franziskus aufgefordert werden, als Christen aus uns „herauszugehen", auf jeden Menschen zu.

Siegfried Hübner

Erklärungen zu den Konziltexten

(GS) = Gaudium et Spes

(DV) = Dei Verbum

Zum Autor

Dr. theol. Siegfried Hübner, geboren 1923 in Oelsnitz, war in der Zeit der DDR Studentenpfarrer in Erfurt und Weimar, Pfarrer in Pirna und Dozent für Dogmatik am Philosophisch-Theologischen Studium Erfurt. Viele Jahre gab er das von den Zensurbehörden nicht nur kritisch überwachte, sondern immer wieder durch Einsprüche behinderte "Theologische Jahrbuch" heraus, das nicht nur katholischen Theologen half, im Kontakt mit der Theologie der Weltkirche zu bleiben. Auch nach seiner Emeritierung (1988) ist er ein immer wieder gesuchter Referent bei theologischen Tagungen oder in Studenten-Gemeinden und nimmt zu aktuellen theologischen Problemen in der Weise Stellung, dass die wichtigste Frage, die es in der Kirche gibt, immer aufs neue ins Zentrum des Glaubens gerückt wird: die Frage nach dem unergründlichen Geheimnis, das wir "Gott" nennen.

Aufbruch im Glauben
mit
Papst Johannes XXIII.
von Siegfried Hübner

124 Seiten, € 9,90
Adlerstein Verlag
ISBN: 9783981419511

Wenn wir heute in unserer Kirche an einen Aufbruch im Glauben und im Leben denken können, so verdanken wir das jenem Aufbruch, der vor 50 Jahren im II. Vatikanischen Konzil (1962 – 65) begonnen hat.

Die Erneuerung, um die es damals ging und die uns heute noch aufgegeben ist, können wir aber nur recht verstehen, wenn wir auf den Papst zurückblicken, der dieses Konzil einberufen hat, und mit ihm die Kirche so in Bewegung bringen wollte, wie er es unter den „Zeichen der Zeit" für notwendig hielt. Aus den Berichten, die aus Gemeinden zu hören sind, die sich heute um einen „Aufbruch" bemühen, geht hervor, dass die Anläufe, die dazu gemacht werden, stets zu der Frage führen: Was will Gott heute von uns?

Auf diese Frage geht Siegfried Hübner ein, und daraus haben sich die Themen der Kapitel seines Buches ergeben: über Papst Johannes XXIII., über einige Ereignisse des Konzils und über unsere heute wohl wichtigste Aufgabe als Christen.

Was wir als Christen von Anderen lernen können
von Siegfried Hübner

80 Seiten, € 7,90
Adlerstein Verlag
ISBN: 9783732249428

Hier geht es konkret um die Frage, die wohl eine zeitlose Aktualität hat: ob nicht die Kirche und wir Christen noch mehr und intensiver selbst Lernende sein müssten. Hübner greift damit die Intention von Papst Johannes XXIII. auf, die ihn bewog, das 2. Vatikanische Konzil einzuberufen.

Der Papst war davon überzeugt, dass die Kirche nicht nur Lehrerin der Völker ist, sondern dass sie selbst auch lernende Kirche sein muss. Sie muss sich „verheutigen", um besser von dem reden zu können, was die Mitte ihres Auftrag ist: das Evangelium unseres Herrn Jesus Christus aller Welt und jeder Generation neu anzubieten.

Dazu bedarf es zum einen eines gehorsamen Hinhörens auf den Geist Gottes, der die Kirche durch allen Wandel der Zeiten geleitet und im Glauben bewahrt. Aber es bedarf zum anderen eines ebenso intensiven Hinhörens auf die jeweilige Gegenwart, in der die Kirche ihren Auftrag zu erfüllen hat.

+Joachim Wanke, Bischof von Erfurt

Hoffnung auf Leben

Franz Georg Friemel

80 Seiten, € 7,90
Adlerstein Verlag
ISBN: 9783848211883

Als Christen bekennen wir mit unserem Glauben an Gott und an Jesus Christus auch den Glauben an das „ewige Leben". Da klingen unsere Worte so, als bestünde zwischen dem einen und dem anderen eine unauflösliche Einheit. Heutige Meinungsforscher sagen uns aber, nicht einmal die Hälfte der befragten Christen in Deutschland glaube so an ein „Weiterleben" nach dem Tod, wie es nach den üblichen Vorgaben von ihnen erwartet wird. Selbst diejenigen, die treu am Glauben und am Leben mit ihrer Kirche festhalten, würden in dieser Hinsicht anders als früher von Fragen und Zweifeln bedrängt. Sogar von einem Papst – Johannes XXIII. - wird berichtet, er habe am Grab seiner Schwester nicht nur gebetet, sondern auch vor sich hin gesagt: „Wehe uns, falls alles nur eine Illusion ist!" Der diese Worte mithörte, war darüber erschrocken, hat sie aber dann als den Hintergrund einer „gewöhnlichen Menschlichkeit verstanden, vor dem Glaube umso heller erstrahle. Erkennen vielleicht auch wir selbst uns als heutige „gewöhnliche Menschen" in solchen Berichten wie in einem Spiegel?
Siegfried Hübner

Christus auf Pigalle

Ein Gespräch zwischen René Pinsard und Klaus P. Fischer

Adlerstein Verlag
68 Seiten, € 6,50
ISBN: 9783981419559
68 Seiten, € 6,50

Ein Gespräch zwischen René Pinsard und Klaus P. Fischer

Die nachfolgenden Seiten geben ein Gespräch wieder, das ich im Juni 2012 während zwei Tagen mit Père René Pinsard, Paris, führte.
Gegenstand waren jene rund zwanzig Jahre, in denen P. Pinsard, ein Priester von nunmehr 84 Jahren, die Action Siloe leitete und inspirierte, vor allem im Rahmen eines kleinen Restaurants am Rande der Place Pigalle. Die glänzende Oberfläche verbirgt menschliches Elend und ungelöste Probleme der sogenannten „guten Gesellschaft" in einem Maße, dass man „Pigalle" (und ähnliche Bezirke auf der ganzen Welt) als die Rückseite oder den dunklen Untergrund der ´normalen` Gesellschaft bezeichnen kann. Das Restaurant diente als Plattform für die vielfältigen Begegnungen des Priesters und seiner Equipe mit den Menschen des Viertels – ein Einsatz, der sie mit den Abgründen menschlicher Existenz, aber auch mit deren – manchmal sich nur andeutenden – erstaunlichen Möglichkeiten konfrontierte. Im Verlauf des Gespräches wurde deutlich, dass diese Art Engagement zutiefst dem Evangelium entspricht.

Weitere Werke des gleichen Autors:

Heiligkeit für Anfänger
Ein Wegbegleiter
2006 Stella-Maris-Verlag, Augsburg
Neuauflage:
2011 Books on Demand GmbH, Norderstedt
ISNB-13: 9783844805987

Gott ist katholisch – Er ist der Allumfassende
Aphorismen und Sprüche über Gott und die Welt
2008 Books on Demand GmbH, Norderstedt
ISNB-13: 9783837070217

Gottes Kraft und Gottes Weisheit
Eine kleine Kreuzesmystik
2011 Books on Demand GmbH, Norderstedt
ISNB-13: 9783844805987

Auch als E-Books erhältlich

Homepage des Autors
http://www.stefanfleischer.ch